BU KİTABIN SAHİBİ:

〰〰〰〰〰〰〰〰〰〰

SEV Yayıncılık Eğitim ve Ticaret A.Ş.
Nuhkuyusu Cad., No. 197 Üsküdar İş Merkezi, Kat 3,
34664 Bağlarbaşı, Üsküdar, İstanbul
Tel.: (0216) 474 23 43 • **Sertifika No.** 12603

Sabırsız Sinek Feza

© 2015 SEV Yayıncılık Eğitim ve Ticaret A.Ş.

Yazan: Tülin Kozikoğlu
Resimleyen: Sedat Girgin
Yayın Yönetmeni: Ebru Şenol (2015),
S. Baha Sönmez (2016)
Editör: Burcu Ünsal Çeküç
Kapak Tasarımı: Recode
Baskıya Hazırlayan: Hüseyin Vatan

Birinci Baskı: Haziran 2015
Beşinci Baskı: Ekim 2017

ISBN: 978-605-4119-99-8

Tüm hakları saklıdır.

Kütüphane Bilgi Kartı (CIP):
Kozikoğlu, Tülin
Sabırsız Sinek Feza
1. Çocuk Edebiyatı 2. Öykü
İstanbul, SEV Yayıncılık, 2017, 28 Sayfa
ISBN: 978-605-4119-99-8

Baskı: Ertem Basım Yayın Dağıtım San. Tic. Ltd. Şti
Eskişehir Yolu, 40. km., Başkent OSB 22. Cadde, No. 6
Malıköy, Ankara
Tel.: (0312) 284 18 14 • **Sertifika No.** 26886

Bandrol uygulamasına ilişkin usul ve esaslar hakkındaki yönetmeliğin
5. maddesinin ikinci fıkrası çerçevesinde bandrol taşıması zorunlu değildir.

SABIRSIZ SİNEK FEZA

Yazan:

Tülin Kozikoğlu

Resimleyen:

Sedat Girgin

kidz R
REDHOUSE KIDZ
ÇOCUK KİTAPLARI

Merhaba! Benim adım Leyla.
Size bir hikâye anlatacağım,
Beğenirseniz ne âlâ!

Etrafımda bunca hayvanı görünce,
Hepsini ben toplayıp getirdim sanmayın!
Her birinin burada olması tesadüf eseri:
Sinek pencereyi açık unuttuğum bir gün uçuverdi içeri.
Örümcek ise bir sabah yedide bacadan aşağı indi.
Kedi yılışa yılışa içeri girdi yağmurlu bir günde.
Köpeği kimbilir kim bırakmış arka bahçeme.
Kuşu kardeşim hediye etti, balığı ise uzaklardan bir kuzen.
Fare, kurbağa, kirpi... kurtulamadım gitti.
Tümünü besliyorum mecburen.

Kolay mı sandınız bunca hayvanla aynı evde yaşamayı?
Hele benim gibi yaşınız olduysa seksen altı!
Onları beslemek, yıkamak ve uyutmak işin kolay tarafı.
En zoru tuhaf kişilikleriyle uğraşmak.
Ne de olsa her birinin huyu suyu farklı.

Mesela sineğim Feza; bir bilseniz ne kadar da sabırsız!
"Sabırsız sinek mi olurmuş?" demeyin.
Vallahi de sabırsız, billahi de sabırsız!
İnanmazsanız anlatacağım hikâyeye kulak verin.

Mevsimlerden yaz,
Aylardan temmuz,
Temmuzun otuzu,
Saatse akşamın dokuzu...

Valizler hazırlanmış,
Otel ve uçak ayarlanmış.
Herkes biraz uyumak zorunda;
Ertesi sabah erkenden
Hep beraber çıkılacak yola.
Çünkü bizim için tatil zamanı, anlasanıza!

Tatil demek; deniz demek, oyun demek.
Üstelik uçağa binecek Feza, hayatında ilk kez!

Evimizin derin sessizliğinde,
Cılız bir vızıltı duyuldu o gece.

Feza her zamanki gibi sabırsızlık ediyordu.
Sabah olmasını bir türlü bekleyemiyordu.
Hemen yola çıkmak istiyordu.

"Gökteki yıldızzzlar! Bir an önce evinizzze gitzzenizzze, Yerinizzzi çok zzevgili güneşe verzzenizzze!"

Heyecandan duramıyordu Feza yerinde.
Sabırsızca sekiz tur attı avizenin çevresinde.
Sonra vızlayarak gitti Kedi Dila'nın yanına.
Vakitsiz uyandırılınca da ağlar mı
   mutsuz kedi acaba?

"Haydi uyuma, kalk!
Ne olur zzanki zzimdiden yola çıkzzak?"

Uyandı mutsuz uykusundan Dila.
"Sabırsızlık etme Feza.
Vızıldayıp durma başımda!
Git yat artık yatağına,
Beni gereksiz yere uyandırma!"

Feza bu kez daireler çizerek Kuş Sema'nın kafesine gitti.
Onu korkutmamaya özen gösterdi.
Kısık bir sesle vızıldadı kulağına,
Yumuşacık dokundu gagasına.

"Haydi uyuma, kalk!
Ne olur zzanki zzimdiden yola çıkzzak?"

Uyandı korkak uykusundan Sema.
"Sabırsızlık etme Feza.
Vızıldayıp durma başımda!
Git yat artık yatağına,
Beni gereksiz yere uyandırma!"

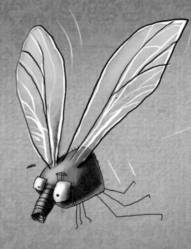

Dolanıp biraz vazonun çevresinde,
Doğruca akvaryuma yöneldi bu kez de.
Balık Sefa'yı uyandırmak imkânsız
  mı sandınız?
Sanırım siz Feza'nın vızlamasını
  hiç duymadınız!

"Haydi uyuma, kalk!
Ne olur zzanki zzimdiden yola çıkzzak?"

Uyandı tembel uykusundan Sefa.
"Sabırsızlık etme Feza.
Vızıldayıp durma başımda!
Git yat artık yatağına,
Beni gereksiz yere uyandırma!"

Örümcek Rıza'nın yanına gitmeden
uzunca düşündü.
Süslü ağına çarpıp onu kızdırmamak
için zarifçe süzüldü.

"Haydi uyuma, kalk!
Ne olur zzanki zzimdiden yola çıkzzak?"

Uyandı öfkeli uykusundan Rıza.
"Sabırsızlık etme Feza.
Vızıldayıp durma başımda!
Git yat artık yatağına,
Beni gereksiz yere uyandırma!"

Arkadaşları Feza'yı umursamayınca,
Tek başına yola çıkmaya da cesaret edemeyince,
Ne yapacağını şaşırdı bizim Feza.
Sabırsız ya, heyecandan yerinde duramıyor.
Vakit de bir türlü geçmiyor, geçemiyor...

"Ah bir zzabah olzza,
Herkezz uyanzza,
Bir an önce yola çıkılzza."

Gözü takıldı tam o an yıldızlara.
Uçup kondu pencerenin pervazına.
Birer birer yıldızları sayarken,
Yavaşça gözleri kapandı istemeden.

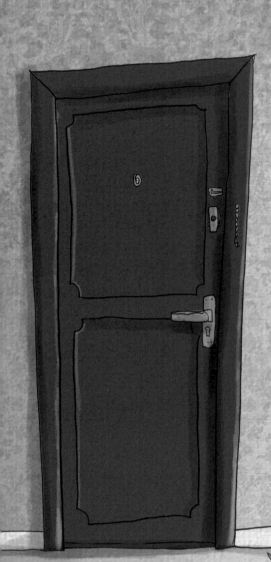

Sabah olunca alarmını duyan kalktı, bavulunu aldı.
Aceleyle doluştuk arabaya.
Aman uçağı kaçırmayalım sakın ha!

Feza saatini kurmuştu kurmasına ama
Alarm çaldı tam yatağının yanında,
Feza ise uyuyakalmıştı pencere pervazında.

Saatini duymayınca,
Biz de aceleden arkamıza bakmayınca,
Kaldı Feza evde tek başına.

Uyanıp da durumu fark edince,
Söylendi iki gözü iki çeşme:
"Akılsızzz başım,
    zzabırsızzz başım!"

Arabada "Haydi çabuk olalım!"
Diyerek sabırsızlık eden kimse
olmayınca,
Anladık ki evde kalmış bizim Feza.
Aceleyle geri döndük,
Bir tanecik sineğimizi
Gözyaşları içinde gördük.

Aşkolsun Feza, biz seni hiç burada
bırakır mıyız?
Haydi, uçağı kaçırmamak için çabuk
olmalıyız!

O günden beri Feza,
Sıcak yaz akşamlarında,
Sabırsızlık eden çocukların kulağına
Şu sözleri fısıldar:

"Zzzaman çok zzzor geçtiğinde,
Beklemeyi hiç ama hiç izztemediğinde,
Hatırla benim hikâyemi.
Gökyüzzzüne çevir gözzzlerini,
Zzayarken yıldızzzları bir, iki,
  on iki, yirmi iki...
İzzter dilek tut, izzter hayal kur.
Bil ki zzzamanı gelince her izztediğin olur!"

LEYLA FONTEN'DEN ÖYKÜLER KİTAPLIĞI